귀신고래의 혼

竹下詩 80편

귀신고래의 혼

이채형 시집

자서

    첫 시집 『나비 문신을 한 사람』에 이어 두 번째 시집을 엮게 되었다. 십 년이 지났으나, 처음 밝힌 대로 '그 치졸함으로 치자면 사실 시라고 할 것까지도 없겠다'는 생각은 지금도 마찬가지다. 여전히 '竹下詩'라 한 것도 같은 이유에서다. 그런 부끄러움 가운데서도 다시 시집을 엮게 된 것은, 나이 칠십에 시 칠십 편으로 첫 시집을 펴냈고, 팔십이 되어 팔십 편으로 두 번째 시집을 묶을 수 있으나, 다음 구십 편의 시집은 보장할 수 없기 때문이다. 나는 첫 시집 자서에서 '자유롭고 싶다'고 선언했으나, 이제 내가 갈구할 자유는 하나뿐인 듯하다. 영원. 시간은 무심하고 시는 유심하다.

    시집을 아름답게 만들어준 '지혜의 언덕'에 감사를 드린다.

2025년 가을
이채형

차례

자서   5

1부 사막의 말

별보다 멀리   12
떨어진 별   13
사막의 말   14
아, 타클라마칸   15
호곡장好哭場   17
슈퍼맨   18
우체통   19
목도리   20
가족   21
화가와 봉새   22
길 위에서   23
페달을 밟으며   24
귀신고래의 혼   26
높은 산   29
못   30
깃털   32

2부 먼 그대

눈물   34
먼 그대   35

별리　36

하직　37

맹盲　38

농聾　39

아啞　40

악수　41

물고기의 자서전　42

Delete　43

주목의 사랑　44

조문弔問　45

진땀　46

분수　47

자화상　48

고장난 사람　49

3부 너 떠난 뒤

벽제 영탄詠嘆　52

제사　53

이니스프리 변주變奏　54

살구꽃　55

섣달　56

세모歲暮　57

세모 엽서　59

청포도를 씹으며　60

무진기행   61
그리운 눈물   62
그리운 쉼표   63
너 떠난 뒤   65
꿈이로다 화연일세   67
십 년, 그리고 화석으로 남다   70
연산連山 시편   72

4부 하얀 연

소설가와 바다   78
동무   79
하얀 연   80
차우차우의 항변   83
지하철 세상   85
금환식金環蝕   88
오매불망   89
비약秘藥   91
소설적 사내   93
짜장면   94
실비명失碑銘   95
어릿광대의 낚싯바늘   96
레 미제라블   98

5부 태평연월

참나무 수난   102

짝짓기   103

대작對酌   104

금연 또는 실연   105

태평연월   106

호접몽胡蝶夢   107

목련이 질 때   108

풍선   109

길손   110

고향   112

오월   113

화란花亂   114

눈 오는 날   115

뒤안길   116

우렁각시꽃   117

우화羽化   118

뒤축   119

천지간   120

노가리   121

라파스의 여인   122

발문 | 사족문蛇足文   123

1부 사막의 말

별보다 멀리
— 그를 위한 만가

별이 언덕에 스러지던 밤이면
언덕은 숲을 깨우고
숲이 두견이를 부르고
밤새 두견이와 함께 울었었지

별이 강물에 잠기던 밤이면
강물은 여울을 깨우고
여울이 조각배를 부르고
밤새 조각배에 별을 실어날랐었지

별이 속눈썹에 숨던 밤이면
속눈썹은 꿈을 깨우고
꿈이 눈물을 부르고
밤새 눈물로 베갯잇을 적셨었지

이토록 별을 사랑한 그가 떠났다
별보다 멀리

떨어진 별

우랄산맥 어딘가에
유성이 쏟아졌다고 한다
그 소식을 듣고
운석隕石 사냥꾼들이 몰려들었다는데
과연 별의 흔적이라도 발견했을까?
별이 하늘에 있을 때는
누구나 쳐다볼 수 있지만
별이 땅으로 내려오면
아무나 보지 못한다
한평생 별을 가슴에 지니지 않고는

사막의 말

그곳에선 한마디 말이
바람을 타고 사구砂丘를 넘어
한달음에 멀리멀리 퍼진다 하니
사랑이여,
그대와 나 사이가 이미 사막이라
들리느냐, 사랑한다는 나의 말이,
아득히 로프노르 위를
맨발로 건너가는 나의 말이
그대 귀에 청천벽력같이 들리느냐?

아, 타클라마칸

황사 자욱한 날
홀연히 로프노르로
목마를 타고 떠난
그대 모습은 아름답다

모래의 울음에 갇혀 떠올리는
누군가의 얼굴은
십 년 만에 누란에 핀
양파의 하얀 꽃같이 선연하다

모래의 파도 위에 쓰고 눈물로 덮는
누군가의 이름은
별 헤는 밤 언덕에 묻은
부끄러운 이름만큼 거룩하다

한번 들어가면 다시 나오지 못하는 곳
그대의 마지막 이별은

사막의 하늘을 붉게 물들인
타는 저녁놀보다 장엄하다

호곡장好哭場*
― 목욕탕

울고 싶거든 그곳으로 가거라

이웃이 무심하여 어떤 속박도 없다

통곡만 아니라면 흐느껴도 무방하다

눈물이 눈물을 낳아도 쫓기지 않는다

두 눈이 붉어도 시선의 압박도 없다

탕 안 모든 이가 군자君子처럼 대범하다

울 만큼 울었으면 붙은 때를 씻어라

때는 육신에도 끼고 영혼에도 끼는 법이다

육신의 때 물로 씻고 영혼의 때 눈물로 씻는다

*연암의 『열하일기』에서

슈퍼맨

삭막한 별, 이 지구에서
나의 외로움을 이해한
유일한 동지

적막한 날, 목이 마를 때마다
나의 갈증을 해결한
고마운 은인

취기의 순간, 무모한 도전에도
나를 위기에서 구원한
용감한 영웅

나를 두고, 빈 술병을 두고, 홀연히
우주의 어느 별로 사라졌을까
그리운 슈퍼맨

우리슈퍼가 문을 닫고
GS25편의점이 들어섰다

우체통

어느 집 앞에 잊힌 듯 서 있었다

해가 바뀌어도 엽서 하나 오지 않았다

어느 봄날 딱새가 그 속에 둥지를 틀었다

새끼를 칠 무렵엔 그동안의 적막을 덜었다

하루에도 수십 번 어미가 편지를 날랐다

먼 곳의 소식을 받아먹고 새끼는 자랐다

딱새 가족이 무사히 떠난 이듬해 속달이 왔다

그 속에 황금빛 박씨 하나가 들어 있었다

목도리

누군가의 목을 죽도록 조르고 싶을 때가 있다
누군가에게 목이 죽도록 졸리고 싶을 때가 있다
그토록 가파른 날
겹도록 목에 두르려고
아름다운가게에 가서
수제手製 목도리를 구했다

가족

할아버지 생신날
재롱이가 과식을 했나 보다
내가 보건소에서 타온 소화제를 찾는 사이
할머니가 얼른 녀석의 배를 문지른다
— 내 손은 약손, 강아지 배는 똥배!
녀석이 신기한 듯 올려다보고
할아버지는 고개를 돌려 담뱃갑을 찾는다
재롱이와 나를 맡기고 간 아빠는
일 년이 넘도록 소식도 없다

화가와 붕새*

화가는 밥보다 술이 고프면
캔버스의 붕새와 더불어 소줏잔을 기울였다
마치 나무꾼과 선녀의 이야기같이
화가는 붕새와 궁합이 잘 맞았다
나무꾼이 선녀의 하늘옷을 감추었듯
화가는 붕새의 날개를 미완으로 남겨 놓았다
붕새와 노니는 동안 어느덧 간肝이 녹아
더는 술을 마실 수 없게 되었을 때
나무꾼이 선녀의 날개를 내놓았듯
화가는 붕새의 날개를 완성시켰다
선녀는 나무꾼을 남겨두고 하늘로 떠났지만
붕새는 화가의 혼魂을 데리고 북명北冥으로 떠났다

*장자의 〈소요유逍遙遊〉에서

길 위에서

도봉산 자락 외진 무수골에
눈 마주친 누렁이가 있었네
둘레길 돌다가 그곳에 이르면
산기슭 제 집에서 미친 듯이 반겼다네
사람과 짐승 사이에도 눈부처가 있는 법
그와 나의 눈에 나와 그가 들었네
눈앞에 도봉道峯을 두고
얼마나 먼 길을 돌아왔을까
그와 나, 서로의 그리움이 되기까지
인연의 그 길 위를 바람이 불어가고
작년에 이어 올해도 둘레길 여전한데
봄도 기울어 꽃잎 지던 날, 홀연
그의 모습 사라지고 빈집만 남았네
오, 어느 먼 서역길
살제비꽃 피는 한나절
다시 마주칠 수 있을까, 우리
서로 몸 바뀐 눈부처로

페달을 밟으며

헬스클럽에서 자전거 페달을 밟으며
어제 떠난 친구를 생각한다
식도암 앓은 그는 술을 잘 샀다
페달을 밟고 밟아도
자전거는 나아가지 않고
거꾸로 밟아도 물러나지 않는다
친구는 돌아올 수 없고
나는 그를 따라갈 수 없다
그의 부음에 상심이 얼마나 컸는지
저울에 올라 몸무게를 달고
그의 장례식장을 찾아갈 것이다
강남으로 가는 지하철 안에서
지난해 연말, 자신은 마시지 못하면서
내게 따라주었던 술잔을 떠올리며
잠시, 그와 처음 만났던
푸른 시절을 그리워할 것이다

꽃 속에 싸인 그의 얼굴을 피해
꽃 밖에서 분향을 마치고
돌아오는 지하철 안에서
휴대폰의 연락처를 지울 것이다
그리고, 내일이면
나는 다시 페달을 밟으리라
앞으로 나아가지도, 뒤로 물러나지도 않는
자전거에 올라

귀신고래의 혼

백년 전 장생포 앞바다에서 잡힌
귀신고래의 온전한 유골이
이국異國의 박물관에서 발견되었다
워싱턴 스미스소니언 국립자연사박물관에 전시된
12미터 수컷 고래의 거대한 골격!
완벽한 척추의 마디마디, 둥근 늑골과 긴 주둥이뼈
오, 한 마리 외로운 뼈의 기구한 유전流轉이여

장생포에서 귀신고래는 모습을 감춘 지 오래
회유해면回遊海面을 신출귀몰 넘나들던
그래서 귀신고래의 이름을 얻은
회백색 거구의 고래
1912년 미국의 고고학자 로이 앤드루스가
장생포를 탐험하다 발견하고
'Korean gray whale'이라 명명한 고래
유난히 가족애가 깊어

어미가 작살을 맞으면
새끼가 그 주위를 떠나지 않아
멸종을 앞당겼다는 슬픈 고래
이제 반구대 암각화 속에만 남은 채
종적이 묘연한 고래

신문에 유골의 사진이 나왔던 날
비운悲運의 희디흰 뼈가
회유면적 너머 먼바다를 헤엄쳐
훠이훠이 내 꿈길로 왔다
그 부활의 뼈가 잊혀진 울음으로
내게 이르기를,

― 멀고 먼 장생포 나의 고향
늙은 뼈 이끌고 나 이렇게 왔노라
그대여,

내 백년 유랑에 오직 한 소원이 있으니
내 뛰놀던 그 바다로 돌아가는 것이라,
내 조상의 뼈들이 쌓인 그 바다 밑에
내 뼈를 묻는 것이라!

높은 산

대서양 바다에 침몰선 타이타닉이,
타클라마칸 사막에 떠도는 호수 로프노르가,
이스터 섬에 모아이 석상이 있다면
히말라야에는 과연 무엇이 있을까?

어떤 산악인이 낭가파르밧을 등정하고 내려오다가 유리마차를 탄 여인을 만난다 그녀의 안내로 그는 크레바스 지역을 무사히 통과한다 그가 다시 촐라체 북벽을 오르고 내려오다가 이번에는 검은 옷을 입은 사내를 만난다 자동차가 있으니 함께 타고 가자는 사내의 제안을 한사코 뿌리치고 그는 목숨을 건진다

높은 산에는 예로부터 신령神靈이 사는 법
마차 탄 여인이나 검은 옷의 사내가 그분이었을까?
어쩌면 허기진 자의 애가 만든 허상인지도 모른다
그러나 그의 마음이 이미 죽음을 넘어설 만큼 간절할진대
신령이 그를 모른 체 내버려두었겠는가?

못

눈에 선한 그 못의 둑이 터져서
가득한 물이 다 쏟아졌다고 한다
산그늘 내려앉던 저 오랜 저수지

여름에 자맥질하고 겨울에 썰매 지치던 곳
자칫 깊은 물 못 헤아려 바닥에 잠기고
더러는 스스로 심연에 몸을 던진
수중고혼水中孤魂들이 모여 사는 곳

둑이 피로해 터졌다는데
그렇게 소홀히 볼 게 아니다
왜 멀쩡하던 둑이 하룻밤 사이에
무단히 터진단 말인가

못이 숨을 쉬는 존재임을 아는지
낮이면 햇살과 바람과 더불어

날숨을 내쉬고
밤이면 별빛과 어둠과 더불어
들숨을 들이쉰다

그런 못이 자신의 심장을 무너뜨려
제 숨길을 스스로 흩어놓은 게
그토록 하찮은 이유 때문일까

꽃도 제 몰골이 추하면 지고
바람도 제 길이 아니면 잦아들고
별도 제 일생이 다하면 떨어지는 법이다

물의 집, 저 잊혀진 고혼들의 심사를
누가 짐작이라도 할까?

깃털

깃털이 가벼운 줄 아는 사람은
바위가 무거운 줄 모르는 사람이다

어느 산기슭에 떨어진
한 가닥 솔개의 날개깃을 보아라
가볍게 들어올릴 것 같지?
어림없는 일이다

그 깃털엔
중력을 거스른 날개의 저항이 있다
추락을 이긴 새의 자랑이 있다

깃털의 무게를 알아야
무게의 중심을 안다

깃털을 들 수 있는 사람은
바위를 들 수 있는 사람이다

2부 먼 그대

눈물

속절없거나
하염없거나

먼 그대

제 몸이라도 손닿지 않는 곳이 있다
하물며 남의 마음에 닿으려 하다니!

별리

내 죽어 네가 따르랴
네 죽어 내가 따르랴

하직

떠나는 이 꽃 안에서 웃고
보내는 이 꽃 밖에서 우네

맹盲

꽃이 아름다운 걸
눈이 멀고 알았지

농롱聾

꽃의 애원성哀怨聲에
귀 기울인 나머지

아啞

꽃이 벙글자
막힌 입이 터지다, 어머니!

악수

쌍방이 오른손잡이라
숨긴 비수를 뽑을 틈이 없었다

물고기의 자서전

먹는 물을 두고
한평생 다투지 않았노라!

Delete

존재의 모든 흔적을 지웠으나
키보드에 지문을 남기고 말았다

주목의 사랑
―나무 중에 가장 오래 살아 무령왕릉 왕비의 베개로 쓰였다

천년을 산다 한들
임의 손길 스치지 못하면
무슨 보람이리

살아 천년
붉은 속살 돋우며
임을 기다리다가

죽어 천년
무덤 속 두침頭枕이 되어
그린 임의 촉루를 괴리

조문弔問
— 처음 달에 간 닐 암스트롱의 장례식 날 블루문이 뜨다

한 달에 두 번 뜨는 보름달을
블루문이라 한다는데
한 번 뜨는 달이 두 번씩이나 뜨다니
사무친 게 있었나 보다

달에 첫 유린蹂躙의 상처를 남긴
닐 암스트롱, 그의 장례식 날
왜 하필 이 달이 떴을까
우울을 뜻한다는 블루문
그의 운행이 과연 우연이었을까

오, 푸른 달이여, 우주의 사무침이여
그대 조문이
또 하나의 전설이 되겠다

진땀

한파주의보가 내린 날
어느 무덤가에
진달래가 피었다

오, 이 철 없는 모순!

백골의 망자가 무덤 속에서
자신의 생애를 돌아보며
뻘뻘 진땀을 흘리고 있었다

분수

한 뿌리
욕망으로 용솟음쳐서

천 갈래
분출로 용두질하다가

한 발짝
허방을 짚고 시르죽는다

자화상

까마득한 수렵시대에
늑대가 개로 바뀌었다는데
어느 술년戌年에
개띠로 태어난 나는, 평생을
개답게 짖지도 못하고
늑대같이 은밀하지도 못했다

고장난 사람

봉고차 한 대가
줄기차게 뒤따라온다

- 고장난 컴퓨터, 냉장고, 노트북, 세탁기, 오디오…

기어코 나를
싣고 가려나 보다

3부 너 떠난 뒤

벽제 영탄詠嘆
— 승화원에서

승화는 눈물이더라
화장로마다 넘치고 넘치더라

이별은 천차千差더라
사연은 만별萬別이더라

사랑도 속절없더라
맹세도 부질없더라

한 생의 소멸이 너무 짧더라
수골실에 한 줌 재만 남았더라

하릴없이 슬퍼지더라
붉은 눈 돌렸더니 더 붉은 단풍잎 지고 있더라

제사

청상靑孀으로
후살이 오신 아랫방할매

일점혈육 두지 못해 평생소원이
제삿밥 얻어 자시는 것이었다

─닭 한 마리 고아놓고
　내 제사 지내도고

재래시장 가서
토종닭 한 마리 구했다

닭전을 다 뒤져도
송아지만한 닭이 없어 몹시 슬펐다

이니스프리 변주變奏

나 늦기 전에 티베트로 가리
가서 쓸모없는 빈껍데기
새들에게 던져주리
거기서 마지막 평화를 맛보리
죽음은, 어느새 오는 것
지수화풍地水火風의 육신이
마침내 멍에를 벗고
다시 원소로 돌아가는 것
윤회의 빛으로 가득한 어느 고원
동틀 무렵, 나 그곳에 닿으리
늙은 돔덴*이
송백향 더미와 야크똥에 불을 지피면
연기 따라 독수리떼 몰려오리
질긴 살점 남김없이 발라먹고
마른 뼈까지 쪼아먹은 뒤
독수리떼 하늘로 날아오르면
내 혼魂도 더불어 날며
잠시 지상을 내려다보리

*조장사鳥葬師

살구꽃

고샅길 돌각담집
호젓한 뒤꼍

그해는 살구꽃도
유별났었지

맷방석 좁은 듯이
꽃잎 지는데

선이랑 겹쳐져서
흘레붙다가

낙화에 숨이 막힌
다섯 살 사내

섣달

다시 하나 벼릿줄을 잘라 버리려면
잘 벼린 칼날이 필요한지 모른다
모든 인연 싹둑 자를 수 있는
푸른 은장도라면 제격이겠다
삼백예순다섯 그물코와
열둘 묶은 벼리를 자르고
새 벼리에다 또 그만큼의 그물코를 이어야 한다
실은 자를 것도 버릴 것도 이을 것도 따로 없으나
그것이 약속이다
그래야 새해다

섣달이여
버리고, 버리고, 벼르는 달이여

세모歲暮

어느 집 감나무에
붉은 감이 주렁주렁 매달렸다

해가 다 가도록
따지 않았다

허공에 걸린 채 홍시가 되고
한파의 침공에 얼음덩이가 되었다

날아가던 새가 쪼아보아도
헛일이었다

그 아래 지나며 고개 젖히니
낙목한천落木寒天에 점점홍點點紅이라

주인의 깊은 뜻 알 길 없으나
문득 헤아리기를

자식은 여의어서 종種을 잇고
열매는 거두어서 내년을 기약하느니

세모 엽서
— 김채원에게

12월 달력을 떼어냅니다
남은 시간을 호적 없는 나날로 보내려고요
고아같이 남은 날들을 생각 없이 보내겠습니다
일기도 오래전에 멈추었는데
딜리트 키로 지운 전자문자 같은 기억의 편린을
굳이 휴지통을 뒤져 복원한들 뭐하겠습니까
밤새가 울고 낮달이 떴던 날의 기억이면 됩니다
이 몸은 남은 며칠도 깜깜하기만 한데
내년이 올 줄을 용케도 알고
새해를 준비하는 모든 이들을 경배합니다
부디 그들 사이에 끼소서!

청포도를 씹으며
— 이육사를 그리다

청포青袍 차려입고

동해로 노 저어 갈거나

기다린 손님은 아니어도

한적한 포구로 마중 나오시려나

영근 청포도 알알이 스민

어느 마을 전설을 송이송이 따 담으며

두 손에 푸른 물 들여도 좋으리

하늘 밑 바다가 붉은 노을에 잠기고

흰 돛단배 파도에 밀리면

은쟁반 모시수건을 흠뻑 눈물로 적시리

무진기행*

안개 자욱한 책갈피에서
붉은 밑줄의
문장 하나가 떨어졌다

<u>나는 여자에게 사랑한다고 말하고 싶었다</u>**

『서울, 1964년 겨울』*** 속으로 떠난
나도 그녀도 그리고 사랑도
붉은 눈물로 흠뻑 젖어 있었다
아직도 뚝뚝 눈물을 흘리고 있었다

*김승옥의 소설
**그 작품 속의 한 구절
***김승옥의 첫 소설집

그리운 눈물
― 이재행에게

일찍 눈물을 알았던
한 시인이 있었다

투철한 눈물 때문에
시가 눈물인지 시인이 눈물인지,
시와 시인이 다 눈물인지
그는 오직 눈물로 살다 갔다

제대로 눈물을 몰라
떠난 그가 그립다

그리운 쉼표
―이경록에게

그는 오로지
시에 목숨을 걸었다
그는 오직
시를 위해서만
존재의 닻을 내렸다

신춘을 앞둔 어느 해 겨울
피 토하듯 한
그의 선언을 기억한다

─ 당선작만 쓸 수 있다면
　 펜 잡을 한 팔만 남기고
　 남은 팔, 두 다리는 잘라버리겠다!

그 외곬의 염원이
서른을 못다 채운 그를
백혈白血의 골짜기에 가두었다

그는 시로 세운

『이 식물원을 위하여』*

마지막 한 방울 피를 짜고

사랑하는 이에게

『그대 나를 위해 쉼표가 되어다오』*

염원했으나

마침내 스스로 한 점

쉼표가 되었다

*이경록의 유고시집

너 떠난 뒤
―황순희를 보내고

누군가 떠난 뒤에야
그곳이 왜 환했는지 알게 되지
너 없으니 서라벌이 캄캄하다
첨성대 위 돋은 별도 빛을 잃은 때문에

누군가 떠난 뒤에야
그곳이 왜 가득찼는지 알게 되지
너 없으니 고도가 텅 비었다
선도산 붉은 꽃도 져버린 때문에

누군가 떠난 뒤에야
그가 왜 있었는지 알게 되지
너 없으니 경주가 적막강산이다
반월성 새소리마저 사라진 때문에

동리목월 찾아가는 문학관 길에
남은 이의 눈물인 양 남은 꽃잎이 진다

천년이 다시 간들 너가 오겠느냐
아아 미타찰彌陀刹에서 만날 우리/도 닦아 기다리련다*

*신라 향가 「제망매가」 중에서

꿈이로다 화연일세
— 곽의진 영전에

하늘엔 어제같이 새가 날고
강물엔 내일도 물고기가 노닐 테고
창밖엔 아직 장미가 시들지 않았는데
이 세상엔 이미 그대가 없다

마침내 창공의 새가 나래를 접고
물속의 고기가 부레를 닫으며
뜨락의 꽃잎이 시들 날이 온다 해도
그대는 너무 일찍 떠났다

비록 생사의 갈림이 하늘에 있다 하나
오고 가는 것이 사람의 일일진대
하직의 손짓도 없이 훌훌히 가다니
그대는 정녕 무심한 사람이다

일찍이 고향의 전원으로 돌아가
소치小癡와 초의草衣와 추사秋史의 인연을 잇고

흩어진 향토의 얼을 구슬처럼 꿰던
진도珍島의 딸이여, 진도의 혼이여

보배로운 섬을 더욱 보배롭게 하려고
쏟은 정성과 뿌린 씨앗을 어이할꼬
삼별초三別抄 피어린 이야기에 필생을 건
저 미완의 회심작會心作을 또 어이할꼬

탑립 앞바다에 눈물로 씻은 달이 뜨고
돌탑마다 그대의 별이 새로 돋는데
한 마당 애절한 씻김굿에 그대의 넋을 달래도
적막하고 또 적막하구나, 그대의 빈자리

오호애새라!
주인 잃은 자운산방紫雲山房 마당가
그리움 쌓이는 그대의 유택을 돌아보며
벗 여읜 어느 시인의 탄식을 떠올리노니

− 시를 쓴다는 것이 이미 부질없고나*

*김광균의 시에서

십 년, 그리고 화석으로 남다
── 이문구 형 10주기에

그해 2월의 마지막 날, 마로니에 공원에서
고인의 문인장文人葬이 끝나고
이미 만원이 된 영구차가 떠난 뒤에
남은 몇몇은 혜화동로터리 근처
어두컴컴한 술집에서 낮부터 술을 마셨다
아직도 귓가를 맴도는 조사弔辭를 지우기 위해
술잔들을 급하게 비우는 동안
창밖에는 철 늦은 춘설이 흩날렸던가
술의 양만큼 슬픔이 더해지고
벌써 그리움이 들어앉는 동안
고인은 태가 묻힌 관촌冠村의 솔바람 속으로 돌아갔다
그리고 십 년이 흘렀다

십 년이란 세월은 하나가 완결되는 시간
권세도 끝나고 강산도 변하고 약속도 바뀌지만
그러나 고인은 한 시대의 사표師表 그대로 남았다

그날 술자리의 취기는 흐릿하게 잊혀졌지만
그날 새긴 이별은 선명한 기억의 화석이 되었다

며칠 전 꿈에 고인을 만났다
동리東里 선생 탄신 백주년이라고
이미 생전에 사제의 본모습을 보였듯이
앞장서 기념잔치를 주선하고 있었다
선생이 침묵에 드신 첫해 문병 갔다가
불의로 사고로 세상 떠난 노명석盧命錫도 보였는데
저승에서는 자신이 고참이라고 우겼다
스승이 온 지 백 년, 제자가 간 지 십 년
이것도 이승의 드문 인연이 아닌가
다시 십 년이 가고 백 년을 맞으면
기억의 화석은 마침내 전설이 되리

연산連山 시편

장군의 묘
― 계백

수락산首落山 아래
오랜 무덤 하나 있어
전傳 장군묘로 내려오다가
천년 지난 뒤에야
겨우 주인을 찾았으니
설령 장군의 상한 육신이
여기 묻히지 않았다 한들 어떠리
노송의 솔잎 하나하나에
장군의 노호가 되살아나고
솔잎에 감기는 바람소리엔
5천의 호곡소리 들리느니
이제 나라는 하나가 되었으나
아직도 역사의 아픔이 남아
오호통재, 그날의 통한이여
오늘 적국의 후예 찾아와

장군의 묘전에 무릎 꿇어

그 넋을 달래다

충신의 묘
— 성삼문

추색 깊은 사송치思松峙 한켠

기구한 무덤 하나 남겨졌으니

거열의 형으로 찢긴 육신이

팔도를 떠돌다가

다리 하나 이곳에 묻히니

이름하여 일지총一肢塚이라

돌버섯 핀 묘비와 상석, 문인석 한 쌍

이 초초한 무덤 옆 한 그루 소나무는

생전에 님이 기린 봉래산 제일봉의

낙락장송이 분명하리

일찍이 님의 탄생에 즈음하여

낳았느냐, 낳았느냐, 낳았느냐?
하늘에서 세 번 물었듯이
문득 소소한 바람결에
지켰느냐, 지켰느냐, 지켰느냐?
후대의 지조를 꾸짖는
질책의 소리 들리는 듯하여
님의 묘전에 엎드린 채
숙인 고개를 들지 못하다

선비의 묘
— 김장생

행지의 근본이 예禮라
아조我朝에 들어와서
예학의 종지를 세운 이가
사계沙溪 선생이다

그럼에도 평생을
산림山林으로 일관하셨으니
그 뜻이 하늘 같음이라

우수산牛首山 기슭
선생의 유택에 쏟아져 내리는
만추의 양광이 오늘따라
선생의 모습인 양 더욱 맑구나

예법의 시대는 가고
천륜마저 저버린 시절에
어찌 선생의 가르침이 그립지 않으랴
비록 선비의 도는 행치 못하나
상고尙古의 정에 사무친 후인이
선생을 사모하여 삼가 재배를 올리다

4부 하얀 연

소설가와 바다

일찍 헤밍웨이에 심취한 나머지, 그가 소설의 바다에 뛰어들 무렵, 마침 한 선원이 망망대해에서 바다에 빠졌다가 거북의 도움으로 무사히 구조된 일이 있었다. 그 기적을 보면서, 그는 소설이 바로 그 거북이라고 굳게 믿었다.

— 나를 구원하고, 너를 구출하고, 세상을 구제하는!

그는 생을 걸고 입수入水를 거듭했지만 소설의 바다는 넓고, 그 속에서 한 마리 거북을 만나기는 쉽지 않았다. 그가 나이 들어 문호文豪의 꿈을 접을 무렵, 딱 한 번 거북의 등에 올라 대양을 건너는 꿈을 꾸었다.

동무

이산가족 상봉을 포기하고 돌아오는 길에, 늙은이는 개 한 마리를 만났다. 몇 날 며칠을 굶었는지 뼈만 앙상한 개가 그를 집까지 따라왔다. 그래, 너도 탈출한 거냐? 그는 자신의 까마득한 지난날을 떠올리며 그 개를 헤어진 가족 대신 받아들이기로 하였다. 개의 이름을 지어주면서, 문득 그로 하여금 고향을 등지고 삼팔선을 넘게 했던 고약한 호칭이 떠올랐다.

— 동무!

늙은이는 그것으로 이름을 정했다. 그날 이후 먹이를 줄 때면 동무, 배고팠지비, 산책길에 뒤처지면 동무, 날래 오라우, 하고 잊었던 옛말을 되찾아가는 사이에 동무와 그의 정은 깊어갔다. 그가 임종을 맞을 때, 동무 홀로 그의 머리맡에서 슬피 울었다.

하얀 연

찢어지거나 부서져서 명을 다하는 연은 없다. 연은 날고 또 날다가 마침내 산 너머 먼바다로 우리의 동경憧憬을 싣고 사라질 뿐이었다. 이제 하얀 연은 이 세상 어디에도 없다. 그 연은 모두 바다로 날아가 버렸다.

우리 연은 생긴 모습대로 가오리연, 연살 다섯 개에 중앙에 구멍을 뚫은 방패연, 그 방패연에 꼬리를 단 꼬리연이었는데, 흰 창호지 그대로 하얀 연이었다. 우리는 그 연에 각자의 꿈 대신 어떤 문양도 그려넣지 않았다.

우리의 연날리기는 정월 초부터 이월 영등절까지 이어졌다. 연날리기의 절정은 영등할미가 바람을 몰고오는 바로 영등절 무렵이다. 바람의 할미가 몰고 온 거센 바람은 연을 하늘로 하늘로 끌어올렸다. 낮이면 산 너머 바다 쪽에서, 밤이면 이쪽에서 바다

쪽으로 불어가던 바람. 우리의 연날리기는 그 바람과 함께 절정으로 치닫고, 얼레의 실은 바람의 끝으로 끝으로 풀려나갔다.

연을 날려본 적이 있는지? 그냥 바람에 실려 나는 게 아니다. 단순히 기류를 따라 오르는 게 아니다. 바람과 기류와 목줄의 작용으로만 날아오르는 줄 알면 연을 모르는 사람이다. 바람만이 아니라 바람(願)이 있어야 한다. 누군가의 소망과 함께 연은 높이높이 솟아오르는 것이다.

절정은 절정을 마련하게 마련이다. 영등절이 끝날 무렵이면 우리는 연과의 이별을 준비했다. 어른들은 우리를 타일렀다. 연을 날려 보내야 액땜을 하고, 연은 바다로 날아가 물고기가 된단다. 가오리연은 바로 가오리가, 방패연은 넓적한 광어가, 꼬리연은 긴 꼬리가 있어 고래가 된다는 그 말을 우리는 믿었다.

마침내 영등할미가 바람을 데리고 떠나는 어느 날 오후, 바람의 향방이 바다 쪽으로 바뀔 무렵 우리는 연의 목줄 아래 긴 솜을 매달고 그 솜에 불을 붙여 연을 올린다. 연이 하늘 높이 치솟을 즈음에 타들어간 솜의 불이 연줄을 끊어놓는다. 팽팽하던 연줄이 한순간에 맥을 놓고, 연은 끈을 떠나 산 너머로 멀리멀리 날아갔다.

연을 보낼 때, 우리는 하얀 연에 처음이자 마지막으로 자신의 이름을 적었다. 그것이 어른들은 액막이라고 했으나 실은 각자의 동경이었다. 하얀 연은 우리의 이름 석 자와 함께 우리의 꿈을 싣고 우리를 두고 날아간 것이었다.

그리하여 우리야말로 끈 떨어진 연이 되어 고개를 숙인 채 쓸쓸히 흩어졌다. 그날 밤, 우리는 고래와 광어와 가오리가 된 각자의 연을 눈물 젖은 꿈속에서 만났다.

차우차우의 항변

울산 어디선가 개 한 마리가 변사하였다. 사자견으로 불리는 티베탄 마스티프종種으로 수억 원을 호가하는 귀한 개라는 것이었다. 독살로 의심되어 경찰이 수사에 들어갔는데, 알고 보니 티베탄 마스티프가 아니라 비슷하게 생긴 차우차우 잡종견이었다. 자연 단순사건으로 처리되어 수사가 흐지부지되고 말았다.

어느 날, 죽은 차우차우가 생전의 의젓한 모습으로 주인의 잠 속을 찾아왔다.

나는 차우차우로 태어났으나 한 번도 티베탄 마스티프를 부러워한 적이 없습니다. 어느 사악한 자의 술수에 걸려 원혼이 되었으나 이것도 운명으로 받아들입니다. 오직 원통하다면 티베탄 마스티프의 변사는 중대사건이고 차우차우의 변사는 단순사건

입니까? 티베탄 마스티프의 죽음은 무겁고 차우차우의 죽음은 가볍습니까? 비록 종에 귀천은 있으나 목숨에도 경중이 있습니까? 사람 하는 짓이 참으로 가볍습니다. 그래서 종족의 습속으로 한바탕 짖을까 합니다. 멍, 멍, 멍, 개새끼들!

지하철 세상

1호 차

귀 아래 쇠불알 같은 혹을 단 사람이 타자 누군가 벌떡 자리에서 일어났다. 그러자 얼른 혹의 주인이 손사래를 쳤다.

—조금도 무겁지 않소!

그 순간, 바위 같은 혹이 새털처럼 가벼워 보였다.

2호 차

손수레를 끈 사내가 건너오자 귀에 익은 팝송이 흘러나왔다.

—You are my destiny…

호소는 애절한데 운명을 받아들이려는 사람이 아무도 없었다. 다시 손수레를 끌고 빈손으로 건너가면서 사내가 내뱉었다.

— 귀 막힌 것들!

3호 차
한 여인이 건너오더니 갑자기 외치는 것이었다.

— 나는 예수에 미쳤어요! 예수 믿고 천국 가세요. 예수 안 믿고 지옥 가면 진짜 미쳤어요.

한 사람도 아무 말 없이 휴대폰만 만지작거리고 있었다. 차가 서자 여인이 내려 플랫폼에서 손을 흔들었다.

— 우리 모두 천국에서 만나요, 할렐루야!

차 안의 모두가 모범생처럼 얌전하여 미쳤는지 안 미쳤는지 알 수 없었다

4호 차

자리를 차지하는 건 행운이다. 앉아 가는 사람이 있어야 서서 가는 사람이 있다. 앉은 이도 선 이도 인정하고 수용한다. 그런데 뜬금없이 안내방송이 나오는 것이었다.

― 열차의 고장으로 다음 역에서 대기중인 차로 바꿔 타시기 바랍니다.

열차가 서자 우르르 바꿔 타며 상황이 거꾸로 바뀐다. 섰던 사람이 앉고 앉았던 사람은 서게 되었다. 전자는 횡재하고 후자는 기득권을 상실하여 한쪽은 희희낙락이고 한쪽은 앙앙불락이다. 경로석의 한 늙은이가 중얼거렸다.

― 이거이 새옹지마지라.

금환식金環蝕

언젠가 금가락지 훔친 도둑이 있었다

홀어머니 환갑날 왼손에 끼워주고 잡혔다

둥근 수갑이 채워질 때 도둑이 창공을 올려다보았다

백 년 만에 금환金環을 낀 해가 하늘에 떠 있었다

오매불망

이 말이 얼마나 눈물겨운지, 이 말을 눈물겹게 가슴에 지녔던 이를, 이 말이 눈물겹게 쓰였던 때를 나는 알지.

배곯던 시절, 홀로 키운 두 아들 서울 보내놓고 자나 깨나 앉으나 서나 못 잊은 원개아지매. 마침내 기다리던 편지가 왔었지.

— 어매, 세월이 뻐르고 뻴라…
(얼마나 빨랐으면 'ㅏ'의 마지막 획도 긋지 못했을까)

띄엄띄엄 읽기는 해도 쓰는 데는 서툴던 아지매, 나를 불러 답장의 대필을 부탁했었지.

—오매불망, 또 오매불망 두 아들아!!
(나는 느낌표를 몇 겹이고 찍고 싶었지)

그리고 한많은 사연 양면괘지 석 장 앞뒤로 서리서리 쌓인 끝에 마지막 신신당부,

- 우짜든동 느그 형제, 돈 많이 벌어 깃발 날리고 오니라.
(지금 보니 눈물인 걸 그때는 왜 그렇게도 웃음이 나왔을까)

비약秘藥

고도古都에 사는 친구가 청량리 약령시장에서 몇 가지 독약을 구해 가면서 신비한 비약을 만든다는 것이었다. 천년의 전설 속에 나오는 비방祕方이라는데 완성하기만 하면 모든 통증은 끝이라 하였다. 세상에서 모든 아픔이 사라진다니 비약이 틀림없다. 한 알의 약으로 모든 고통을 잠재울 수 있다면 활인活人이 아니고 무엇이랴.

문득 어린 시절의 꿩약이 떠올랐다. 겨울이면 뒷산의 꿩을 잡으려 만들던, 콩에다 홈을 파서 그 속에 청산가리를 넣고 감쪽같이 밀봉한 알약. 그 위장한 콩을 산기슭에 뿌려두면 꿩이 날아와 주워먹고 죽는다는 것이었다. 세상이 온통 눈으로 덮인 날 먹이를 찾아 나선 꿩의 눈에 띈 오, 그 유혹의 콩! 어떻게 그것을 피할 수 있겠는가. 형을 따라가서 목격한 그 어느 겨울의 주검을 잊을 수 없다.

눈 쌓인 아침, 산기슭 흰 눈밭에 찍힌 한 쌍의 발자국, 주저주저한 듯 다가간 새의 희미한 발자국, 그리고 사라져버린 몇 알의 콩, 눈 속을 헤매며 찾아나선 등 너머 눈꽃 핀 청솔 아래 자는 듯 누웠던 장끼 한 마리. 아직도 윤기 자르르한 목덜미의 고운 털, 긴 꼬리 그리고 그 슬픈 눈!

비약이 완성되면, 나는 친구에게 한 알을 부탁하기로 하였다. 세상의 끝 어느 적막한 날을 위해 꼭 몸에 지니고 싶었다, 그날의 꿩약처럼.

소설적 사내

한 사내가 길가에서 소설책을 팔고 있었다. 소설은 저마다 제 얼굴과 표정을 지니고 있는 듯했다. 내가 그것에 이끌려 소설들을 둘러보는 동안 그의 표정이 점점 어두워졌다. 가브리엘 루아의 『내 생애의 아이들』을 골랐더니 그가 죽을상이 되었다. 소설을 사고 돌아서자 그가 애원했다. 그 책을 돌려주세요. 나는 무슨 영문인지 몰라 그의 얼굴을 쳐다보았다.

─그 아이들과 헤어질 수 없어요.

사내는 어느새 소설 속 아이들과 친구가 된 모양이었다. 어쩌면 모든 소설 속에 그의 친구들이 꼭꼭 숨어있는지도 모른다. 나는 차마 그의 친구를 빼앗아 가는 약탈자가 될 수 없었다. 며칠 뒤, 지나다 보니 늘어놓은 소설책은 그대로고, 둘러보는 이가 아무도 없어서 사내는 무척 행복해 보였다.

짜장면

너는 결코 가벼운 상대가 아니다.

언젠가, 가재 잡으러 산에 갔다가 실종되어 28일 만에 구출된 세 아이가 있었다. 바위틈의 물만 받아먹고 연명해서 꼬챙이처럼 마른 그들에게 당장 먹고 싶은 게 무엇인지 물었더니 이구동성이었다.

— 짜장면!

그날 이후, 너는 전설의 반열에 올랐다.

실비명失碑銘

술을 물같이 마시는 한 평범한 초인超人이 있었다. 오직 그 능력으로 이 험한 세상을 건너갔다. 그가 술이 깬 맨정신으로 묘비명을 남겼는데,

— 한세상, 술같이 만만하지 않았노라!

그러나 무덤을 남기지 못해 이 묘비명은 쓸모가 없었다.

어릿광대의 낚싯바늘
― 황수관

신바람 전도사로 알려진 한 어릿광대가 있었다. 그는 미리 웃음을 팔기로 작정한 얼굴로 굶주린 어린 시절을 회상하면서도 능청을 떨었다. 자신의 역경마저 타인의 웃음으로 바꿔놓던 슬픈 어릿광대.

투철한 어릿광대는 아무나 되는 게 아니다. 가난한 촌놈이 입신출세하여 티브이에서 신바람 건강법으로 명사가 되기까지 그의 고군분투는 실로 눈물겨웠다. 그래서 그의 입지전에는 자못 감동이 있었다.

웃고 살면 무병장수라던 그가 패혈증으로 죽었다. 사망 소식에도 신문의 사진은 그답게 활짝 웃고 있었다. 죽기 며칠 전에도 그는 가난한 시절 어머니와의 추억을 소재로 눈물과 웃음을 뒤섞어 슬픈 어릿광대와 신바람 전도사의 본분을 다하고 있었다. 그래서 그의 돌연한 죽음이 아프게 다가왔다.

삶과 죽음이 한 가닥 낚싯대인 양, 그는 이쪽저쪽을 넘나들며 낚시찌처럼 우리를 울리고 웃겼다. 그래서 비록 장수하지는 못했을망정 그의 삶은 결코 짧지 않았다. 그는 살며 건강의 요체를 전도했지만 실은 죽어서 삶의 실체를 보여주고 싶었는지 모른다. 그래서 그의 마지막 낚싯바늘에 큰 고기가 물렸다.

레 미제라블*

S#.1

메가박스 부근 지하철
계단을 오르는데 한 사내가
두 손을 내밀고 엎드려 있었다
그래!
장발장이 황량한 들판에서
떠돌이 소년에게서 빼앗은 것은
40수짜리 은화였지
대속하듯 500원짜리 동전을 떨어뜨리자
쨍그랑, 사내의 손바닥에서 금속성이 났다
계단 끝에 오를 때까지
사내는 몸을 일으키지 않았다

S#.2

메가박스 안 엘리베이터 앞에 한 소녀가
양동이 같은 팝콘컵을 안고 서 있었다

가냘픈 몸에 턱없이 커 보이는 컵
그래!
코제트가 물을 긷던
몽페르메유 여인숙의 물통도
저토록 엄청나게 컸지
엘리베이터가 올라가는 동안
소녀는 물을 긷는 대신
팝콘을 오도독오도독 씹고 있었다

S#. 3
메가박스 밖 저녁 거리에서
누군가 내 뒤를 밟는 것 같았다
영화가 아직 나를 놓아주지 않았다
길가 포장마차로 몸을 숨기는 순간
한 원칙주의자의 얼굴이 떠올랐다
오, 자베르 형사!

'문명에 봉사하고 있는 야만인'
그때 누군가 어깨를 친다
황급히 돌아보았더니
등뒤에 지하철 계단의 사내가
캄캄한 손바닥을 내밀고 서 있었다

* 2012년 미국 영화, 출연 휴 잭맨, 러셀 크로우, 앤 해서웨이, 감독 톰 후퍼.

5부 태평연월

참나무 수난

미친 톱날에
툭툭 쓰러진다

졸참나무 갈참나무 굴참나무 떡갈나무 상수리나무
신갈나무

세상이 시듦병이라
참된 나무 먼저 간다

짝짓기

꽃잎 떨어지는
연못 속에서

탑을 지은 쌍개구리
머리에 낙화 이고

세상이 다 제 것인 양
꽈리를 부네

대작對酌

새벽술 한 잔
앞에 하고 앉았더니

일찍 깬 새가
한 모금 거드네

세상은 외롭지 않다!
동틀녘 이 깨달음

금연 또는 실연

마지막 한 개비
아쉬운 듯 불 당기면

연기 끝에 매달리는
그대 애타는 모습

사랑도 타버린 재로다!
스무 번 만난 끝에

태평연월

오늘도 일어나니 신문이 와 있다

세상은 여전히 그 속에서 분주하고

이 아침 나의 커피는 쓰고도 달다

호접몽胡蝶夢

나비가 어깨 위에 실없이 내려앉다

그곳이 꽃 아닌 줄 나비가 모를까마는

어깨가 저도 꽃인 양 절로 우쭐대느니

목련이 질 때

공녀小女의 자태로 그렇듯 피었다가

아편쟁이 몰골로 저렇듯 지다니!

이참에 누구 억장도 이렇듯 무너지나니

풍선

하늘 높이 꿈을 실어 날리고 싶다가도

공연히 바늘 찔러 터뜨리고 싶고

때로는 땅속 깊숙이 묻고도 싶은 것

길손

동구 앞 늙은 홰나무
그늘이 정정하여
넉넉한 등걸에 숨 돌리는 한 길손은
온 적도 간 적도 없는
그 길 잠시 접어두고

지나온 길 되새기면
자국마다 한숨이라
뻐꾸기 소리도 힘에 겨운 그 길손은
온 데도 간 데도 없는
그 길 한번 돌아보고

휴식도 호사인 양
신들메 고쳐 매고
흐트러진 발걸음 곧추세운 저 길손은
올 이도 갈 이 없는
그 길 다시 펼치고

동구 앞 신작로에

흙바람 일고

굽은 외가닥 길 그 속으로 숨었는데

시작도 그침도 없는

그 길 위로 나서다

고향

1

쓸모없는 옛 화폐로
언제나 배가 부른

모서리 닳고 닳은
오래된 가죽지갑

그래도 바꾸지 않고
가슴 쪽에 지녔다

2

호마胡馬는 북쪽 바람에
등을 기대고

월조越鳥는 남쪽 가지에
둥지를 트나니

주마등走馬燈 저 추억 속을
말 달리는 그리움

오월

창포꽃 연못가에
마주 앉은 어미와 아들
자식이 꽃 꺾어 머리에 꽂아주자
백발의 어미가 아들 향해
오빠, 고마워!

창포잎 옛 우물가
머리 감던 그 여인
흑단 같던 머리에 백설이 내리는 사이
단오장端午粧 그 설렘 속에
지나버린 한세상

늙은 어미 젊은 아들
마주 향해 웃는데
그 모습 내려다보는 하늘도 푸르러
싱그런 바람 한 자락
창포꽃을 날린다

화란花亂

개화에 선후가 있고
낙화에 순서가 있거늘

질서 없이 피고 지니 천지가 혼란이라

꽃들의 저 붉은 아우성
보는다, 들리는다

피는 꽃과 같이 웃고
지는 꽃과 같이 울던

찬란한 그 봄날도 이제는 옛꿈이라

꽃 향한 이 아득한 절망
아는다, 모르는다

눈 오는 날

붉은 꽃 즈려밟고 떠나신 이가
소복으로 돌아오는
황홀한 걸음, 걸음…

자국도 남김이 없이
빈 뜨락을 밟는다

뜨락에 내려앉는
비천의 흰 나비 떼

나부끼는 나래마다 쌓이는 그리움이

빈 동백 가지가지에
붉은 꽃으로 터진다

뒤안길

한길 뒤에 감추어진 호젓한 뒷길

넓고 곧은 길 대신 좁고 굽은 길

행여나 드러날세라 꼭꼭 숨은 길

햇살 밝은 길 말고 달빛 쌓인 길

세상 안의 길 두고 세상 밖의 길

혹시나 알아볼세라 미리 등진 길

사람 사는 길이 이와 같아서

누군들 한길의 삶 바라지 않을까마는

더러는 뒤안길 같은 숨은 삶도 있느니

우렁각시꽃

조화 한 송이 빈 꽃병에 꽂아두고

생화 피는 봄 여름 가을 동안

그 존재 까맣게 잊고 무심히 지냈더니

천지에 꽃 그림자 아득한 어느 날

그 조화 아무도 몰래 봉오리 열고

잊힌 게 서운한 듯이 활짝 폈는데

불현듯 떠오르니 설화 속 사랑이라

나는 가난한 시인, 그대는 용왕의 딸

겨우내 꽃 밥상 차린 나의 우렁각시꽃!

우화羽化

장마 뒤 가지 끝에 내걸린 투명한 옷
매미가 마르라고 벗고 떠난 그 허물
내게도 한 벌 남았지 장롱 속 배내옷

매미는 저 옷 벗으려 칠 년을 땅속에서
사람은 그 옷 입으려 열 달을 뱃속에서
그 인고 언제냐는 듯 지나버린 한세상

우화등선 언제던가 지난날 돌이키면
선공蟬公은 칠 일 생애에 밤낮을 울었는데
그대는 칠십 평생에 몇 날을 울었던고?

뒤축

지하철 계단 위에 버려진 구두 뒤축
지난밤 누군가가 술과 전쟁 치르고
황황히 막차 타려다 떨어뜨린 전리품

물가에 벗어놓은 한 켤레 신발에는
투신자의 절박한 구조신호 들리고
마침내 물속에 잠긴 전생애가 보이는 법

햇살 속에 드러난 초라한 구두 뒤축
누군가의 피곤한 일상이 어른대고
세상의 무게에 눌려 닳아진 그 부피

천지간
— 호킹 박사에게

머나먼 블랙홀로 편지 한 통 띄워놓고
막막한 밤하늘의 별을 보고 앉았으니
천지간 무변광대에 당신과 나뿐이로다!

당신은 떠나기 전 우리에게 일렀었지
발아래 보지 말고 하늘을 향하라고
아직도 나의 시선은 바닥 쓸고 있나니

우표 없는 그 편지가 블랙홀에 닿을 무렵
내 시선 먼 성단을 우러르고 있으면
이제는 별이 된 당신 나를 알아볼런가?

노가리

동해 바닷물에 노닐던 명태 일가
난데없는 투망에 잡히는 몸 되고 보니
운명은 이미 한 길이나 처지는 사뭇 다르더라

동해 짠물 더 먹은 어미 아비는
이름도 여럿이라 생태 동태 황태 북어
가련한 저 어린 것은 오직 하나 노가리!

모진 설한풍에 언 몸 말리고 보니
어른은 운 좋아 제사상에도 끼는데
새끼는 벗은 몸으로 술상에나 오르더라

라파스의 여인

커피전문점 라파스la paz에 '기중忌中'이 내걸렸다
설마 커피를 두고 평화를 두고
그녀가
달의 계곡Valle de la Luna*으로 떠났을 리야

혹시 코피루악Kopi Luwak을 들어 보았는지?
사향고양이 날것 배설물로 만든다니
커피가
정말 세상을 홀리는가 보다

라파스가 다시 문을 열면 찾아가리
가서, 고양이 똥이 아니라
누구의
죽음을 겪은 그녀의 커피를 마시리라

*볼리비아 수도 라파스에 있는 황량한 바위산

발문

사족문蛇足文

김종성 시인

　내가 혼자 방안에 있으면서 옷을 다 벗고 천장을 보고 누워 있은들 누가 와서 이러면 안 된다고 말할 사람은 없을 것이다. 그야 그런 차림으로 시청 앞길을 100미터 달린다면 상황은 다르겠지만. 내가 혼자 "이백李白과 두보杜甫, 그들이 어찌 내 시詩에 가까이 오리. 그들은 거북처럼 까마득히 멀다. 그럼 여기서 낮잠을 한숨 자고 갈까" 한들 누가 뭐라 할 것인가. 혼자 거울을 보며 세상에서 가장 잘난 얼굴이 이 얼굴이다, 해도 체포 영장은 발부되지 않을 것이다.

　소설가 이채형이 시집 한 권의 원고를 보내오면서 한마디 말을 보태라 한다. 나는 이 한 권의 시집이 나의 얼굴을 적나라하게 반사하는 거울이 될 줄을 몰랐다. 나는 이름이 비록 미미하지만 시인이라 하지 않는가.

거울이 나에게 말을 하지는 않았지만, "어떠냐? 네가 과연 이만하겠느냐?" 속삭이는 말이 들려온다. 내 뇌 안의 자각 세포에서 절로 울려나온 소리다. 그래서 나는 80편을 읽는 내내 이렇게 대답했다. "이채형은 소설가라고. 시인이 아니야." 이런 생각도 떠오른다. "나를 부끄럽게 한 몹쓸 친구로다. 다시는 만나지 말까 보다."

1967년 봄, 그는 서라벌에 나타난 서라벌이었다. 서라벌에 나타난 서라벌 패거리들. 이채형, 이경록, 노명석, 황순희. 이들 중에 셋은 벌써 고인이 되었으니. 사람은 살면서 필연이든 우연이든 다른 사람을 만나게 되어 있다. 동방에서 온 박사 세 사람은 예수를 만났고, 선인仙人 아시타는 카필라 성을 찾아와 싯다르타를 만났다. 우연은 나중엔 필연이 된다.

이채형은 동리東里 선생 밑에서 소설을 지도받았고, 나는 목월木月, 구용丘庸 선생 아래서 시를 지도받았다. 그때 싯다르타를 만난 아시타가 장차의 부처를 보았듯이, 나는 그한테서 작가의 얼굴을 보았던 것이다. 그는 비범했다. 생각이 다른 사람 위에 있었고 말에는 재기가 넘쳐 흘렀다. 나는 그리스 신화를 읽거나 들으면서 제우스가 백조로 변하여 어떻게 했다거나, 헤라클레스가 죽어 하늘에 올라가 별이 되었다거나 하는 이야기를, 심청이가 인당수에 몸을 던져 용궁에 들었다가 나중에 연꽃을 타고 지상에 올라와 왕비가 되었다는 이야기 정도로 듣고 이해했다.

그런데 소설을 읽고 이게 사실일까, 의문이 든 경우가 한 번 있다. 이채형의 등단작 「겨울 우화寓話」에는 무협지의 인물들이 나오는데, "정말 이런 무술을 쓰는 사람들이 있을까?" 궁금한 생각이 들었다. 김광주의 「비호飛虎」를 읽어 가면서 '냉운헌'의 장풍掌風에 혹하기는 했지만, 언젠가 기회 있으면 실제로 그런 무술을 쓰는 사람이 있느냐고 물어보고 싶었다. 그것이 내가 그의 소설에 관심을 두게 된 시작이었다.

나는 같은 직장에서 그와 20여 년을 같이 일했다. 그는 직책을 갖고 있었다. 사향노루가 자기 몸에서 나는 냄새를 아는지 모르겠다. 그러나 사람이 자기 몸에서 나는 냄새는 모른다. 그는 자기 몸에서 나는 냄새를 알았을까? 그 냄새란 그의 몸에서 발산되는 '미소와 해학의 효모', 필연코 화해와 사랑과 평화를 가져오는 그 효모의 향기를 말한다. 나는 그가 한 번도 '나를 따르라' 외치는 목소리를 들은 적 없고, '이리 하라, 저리 하라' 지시하는 말을 들은 적이 없다. 그의 웃음을 보고 해학을 듣고 있노라면 어느덧 각자의 위치에서 그가 가리킨

방향을 향해 가고 있고, 그가 의도하는 씨실과 날실을 직조하고 있었던 것이다.

 오늘 신문을 보면서 아주아주 적당한 표현을 보았다. 내가 본래 나의 말로 글을 써본 적이 없다. 다 어디서 들은 말이고 본 것을 내가 하는 말인 양 쓴 것이다. 내가 '엄마'란 말을 어찌 알았을꼬? 남이 하는 말을 듣고 따라 하고 있을 뿐이다. 내가 쓰는 한 구절 글도 다 어디선가 보고 옮겨 온 것이다. 그래서 오늘 아침 신문에서 본 말을 그에게 하는 말로 여기 적으려 한다. "세상에는 함께 있기만 해도 주변을 밝게 만드는 이가 있다."

 그가 시를 썼다고 하지만 그가 언제 시를 썼는가? 그는 시를 쓴 적이 없다. 높은 산에 올라 아래를 내려다보듯, 그가 여든 선경仙境에 이르러 지난날을 돌아다보니 시선과 생각이 머무는 곳마다 언어가 절로 이렇게 응결하여 나타난 것이다. 무얼 보고 알았느냐고? 내가 쓴 것들과 비교가 되어 자연 안다. 그의 시에 억지스러움이 어디 한 군데라도 있던가. 일흔을 넘어 여든. '마음 내키는 대로 하나 도에 어그러짐이 없도다.' 그 경지가 나타난 것이다. 나도 그럴까? 어림도 없다. 그걸 알게 해준 거울에 미운 생각이 든다는 것이다.

우리의 자식들이 아비의 죽음을 알리는 때가 되었다. 언제 내가 그의 아들한테서 아비의 부음을 듣게 될지, 혹은 나의 아들이 전하는 부음을 그가 듣게 될지 모른다. 누가 가르쳐주지 않아도 그날이 가까이 오고 있음을 안다. 시라도 써서 더 많이 만나야 하는 이유다.

> 떠나는 이 꽃 안에서 웃고
> 보내는 이 꽃 밖에서 우네
>
> - 시 「하직」 전문

그의 시처럼 이렇게 하직하기 전에!

竹下詩 80편

그 신코라의 혼

지은이	이채형
펴낸이	조혜경
발행처	지혜의언덕
초판발행	2025년 9월 25일
출판등록	제2022-000024호 (2022.03.11)
주소	성남시 분당구 운중로 242 리버스토리 407호
문의	전화 070-7655-7739 팩스 0504-264-7739
	이메일 hkcho7739@naver.com

ISBN 979-11-991045-2-5 (03810)

ⓒ2025 이채형

※ 이 책은 저작권 법에 따라 보호받는 저작물이므로 무단전제와 복제를 금합니다.
※ 잘못된 책은 구입하신 곳에서 교환하여 드립니다.
※ 책 가격은 표지 뒷면에 있습니다.